Jüdische Sprichwörter

Artur Landsberger

Alpha Editions

This edition published in 2022

ISBN : 9789356708853

Design and Setting By
Alpha Editions
www.alphaedis.com
Email - info@alphaedis.com

Contents

Vorwort

In der Erkenntnis, daß die Anschauungen und die Denkweise, die Sitten und Gebräuche, kurz der ganze Charakter eines Volkes nirgends bündiger, deutlicher und nüancierter zum Ausdruck kommen als in seinen Sprichwörtern, haben als erste die Parömiographen derartige Sammlungen veranstaltet, von denen und aus der Zeit des zweiten Jahrhunderts nach Christi Geburt 3, nämlich die des Diogenianos, des Zenobius, und Plutarch (Sprichwörter der Alexandriner) erhalten sind.

Heute besitzt jede zivilisierte Nation ihre Sammlung. Wir Deutschen haben uns nicht damit begnügt, unsre eignen Sprichwörter zu sammeln, die in Dutzenden von Editionen vorliegen; wir haben vielmehr lateinische und griechische, französische, englische, italienische, spanische, persische, chinesische, japanische Sprüche ins Deutsche übertragen – nur die jüdischen hat man trotz der starken Einwirkung jüdischer Eigenart auf deutsches Wesen bis heute nicht aus ihrer Ghetto-Einsamkeit ans Licht des Tages gefördert.

Das geschieht hier – wenigstens in deutscher Sprache – zum ersten Male; indessen darf der Herausgeber wohl behaupten, daß auch in keiner anderen Sprache bisher eine derartige Sammlung vorliegt – außer im Jüdischen.

Das Jüdische, ein mit Slavischem und Hebräischem durchsetztes Mittelhochdeutsch wird noch heut von mehr als sechs Millionen Menschen gesprochen. Tagesblätter in dieser Sprache, deren Auflagen zum Teil nach Hunderttausenden zählen, erscheinen zu Dutzenden, und in den letzten 15 Jahren hat sich eine moderne jüdische Literatur entwickelt, für deren hohes Niveau die Leistungen von J. L. Perez und Mendaly Mocher Sforem beredtes Zeugnis ablegen. Ihre ins Deutsche übertragenen und hier und da veröffentlichten Erzählungen aus dem Leben des jüdischen Volkes können neben dem Besten, was deutsche Erzähler gaben, leben. Die jüdischen Volkslieder, die an Natürlichkeit und Innigkeit, wie an Unmittelbarkeit des Empfindens ihresgleichen suchen, denke ich demnächst herauszugeben.

Nun noch ein paar Worte zu der vorliegenden Sammlung:

Vor ein paar Jahren brachte mir der durch seine Romane bekannt gewordene galizische Schriftsteller Hermann Blumenthal zur Veröffentlichung in einer Zeitschrift eine Reihe von jüdischen Sprichwörtern, die er in Wien und Galizien gesammelt hatte. Ich bat ihn, seine Sammlung fortzuführen, und vor allem zu erforschen, ob eine große Reihe bei uns seit Menschengedenken gebräuchlicher Sprichwörter, die auch im Ghetto gebraucht werden, von dort zu uns gekommen sind, oder ob die

Juden vor drei Jahrhunderten diese Sprüche bei uns gehört, übernommen und dann mit oft kaum merklichen Veränderungen ihren Gewohnheiten angepaßt haben. Diese Feststellungen sind nicht überall gelungen.

Dafür gelang es andererseits, den Nachweis zu erbringen, daß eine ganze Reihe von Sprüchen, die wir als typisch deutsch empfinden, aus dem Talmud und Midrasch stammen. Reiche Ausbeute war für meine Arbeit die Handschrift des Moritz Blaß aus dem Jahre 1850, die sich in ihrem wohl einzigen Exemplar in der Lesehalle der Berliner kgl. Bibliothek befindet, so wie eine Auslese, die ein Liebhaber der jüdischen Heraldik namens Bernstein in Rußland und Polen gesammelt und im Hausfreund vom Jahre 1889 veröffentlicht hat. Bernsteins Sammlung ist wohl die reichhaltigste. Auch der sehr empfehlenswerten Tendlauschen Sammlung (bei Kaufmann Frankfurt), der weitaus besten, die mir vorlag, habe ich einige wenige Sprüche entnommen. 150 Sprüche etwa sind aus dem Talmud und Midrasch. Tolstoi hat während seiner Krankheit im Jahre 1908 »Gedanken weiser Männer« gesammelt. Lao-Tse, Confucius, Buddha, Christus, sein Liebling Ruskin, Pascal, Voltaire, Vauvernagues, Rot, Kant, Luther, Jean Paul, Gontscharow, Dostojewski sind vertreten; aber auch eine große Zahl von Talmudsprüchen befindet sich darunter, von denen ich etwa ein halbes Dutzend in diese Sammlung aufgenommen habe.

Deutsch von Adolf Hess bei Albert Langen, München.

Natürlich hätte ich allein aus dem Talmud und Midrasch Bände mit weisen Sprüchen füllen können. Ich habe das nur soweit getan, als hier enthaltene Weisheiten ins jüdische Volk drangen und von ihm, meist ohne daß das Volk die Herkunft kannte, zu gebräuchlichen Redensarten wurden. Übrigens existieren derartige Sammlungen meist recht minderwertiger Art; ein großherzoglich hessischer Provinzialrabbiner leistet sich in der Verballhornisierung talmudischer Weisheit, die er »zur Erbauung der jüdischen Jugend« in Knittelverse zwängt, gradezu Erstaunliches. Seine Leistung aber stellt noch in den Schatten der Berliner Max Weinberg, der seiner »Spruchpoesie des Talmud« betitelten Sammlung in anerkennenswerter Selbstkritik Goethes Wort vorausstellt: »Original, fahr hin in deiner Pracht!« Und in der Tat verspürt man in beiden Sammlungen nicht den leisesten Hauch talmudischen Geistes. Gegen solche Schändungen heiligen Besitztums sollten alle Glaubensgenossen Protest erheben. Obgleich es auch mir nicht immer gelang, für jedes spezifisch jüdische Wort die Übersetzung zu finden, die den Sinn des Wortes in seiner ganzen Eigenart wiedergab, so glaube ich doch mit diesem Buche manch einem das Verständnis für jüdisches Denken und Fühlen vermittelt zu haben.

Ob es für das Studium eines Volkes zweckdienlicher ist, es beim Beten, bei der Arbeit oder bei seinen Vergnügungen aufzusuchen, kann nur von Fall zu Fall entschieden werden. Der Satz aber: »an seinen Sprüchen wirst du es erkennen«, hat allgemeine Gültigkeit.

Schließlich sei hier noch dem Schriftsteller Hermann Blumenthal gedankt, der mir mit Liebe und Umsicht beim Sammeln, Übersetzen, und Zusammenstellen geholfen hat.

Pfingsten 1912.

Dr. Artur Landsberger

Von Familie und Haus

Wenn die Mutter nach Zwiebeln riecht und der Vater nach Knoblauch, kann die Tochter nicht nach Rosen duften.

Zur Chipe (Traualtar) läßt man sich führen;
zur Scheidung läuft man selbst.

Sagst du der Frau ein Geheimnis, so schneid ihr die Zunge ab.

Besser ein häßliches Weib für sich
als ein schönes für Andre.

Wenn eine Witwe auch ein goldenes Dach hat,
bleibt sie doch eine Witwe.

Ein Freund ist besser als zehn Verwandte.

Der Besuch des Freundes gleicht dem Regen, um den man bittet, wenn er ausbleibt, und den man hinwegwünscht, wenn er zu lange anhält.

Wenn ein Mädchen einen alten Mann heiratet,
bleibt sie eine junge Witwe.

Der Mann baue sich ein Haus, pflanze einen Weinberg und dann erst nehme er ein Weib.

Es gibt keine häßliche Braut.

Ein schönes Mädchen ist eine halbe Mitgift.

Zwei Frauen bringen Streit ins Haus.

Eine reiche Frau darf auch zweimal im Jahre Kinder haben.

Die Tochter eines reichen Mannes ist immer schön.

Wenn du eine kleine Frau hast,
so neige dich zu ihr herab und flüstre ihr ins Ohr.

Armut im Hause ist ärger als 50 Plagen.

Wenn man Gäste hat, genießt man selbst auch.

Ein Weib und ein Pferd verleiht man nicht.

Eine Mutter muß eine große Schürze haben, um die Fehler ihrer Kinder verdecken zu können.

Die Frauen haben langes Haar und kurzen Verstand.

Wenn die Mutter eine Kuh ist, ist die Tochter ein Kalb.

Wo die Hausfrau keine Wirtin ist, da ist es die Katze.

Wenn die Eltern der Tochter keinen Mann geben,
dann sucht sie ihn sich selbst.

Wenn ein Mädchen nicht tanzen kann, sagt sie, daß die Musikanten nicht spielen können.

Besser eine junge Witwe, als eine alte Jungfer.

Ein häßliches Mädchen sollst du nicht küssen; (denn sie wird's in der ganzen Stadt erzählen).

Wenn keine (jüdischen) Mädchen da sind, tanzt man mit Schikses (Bauerndirnen).

Blick auf die Maid, und nicht aufs Kleid.

Wenn ein Mädchen häßlich ist,
schiebt sie auf den Spiegel die Schuld.

Ein Weib, das grenzenlos gütig ist,
kann auch grenzenlos gehässig sein.

Wer seinen Sohn nichts lernen läßt, erzieht ihn zum Diebe.

Ein Haus ohne Wirtin ist wie ein Wagen ohne Räder.

Je weniger Gäste, desto fröhlicher ist es beim Festmahle.

Eine schöne Frau ist das halbe Einkommen.

Kleine Kinder, kleine Sorgen; große Kinder, große Sorgen.

Ungebetene Gäste setzt man hinter den Ofen.

Wer eine Frau nur des Geldes wegen nimmt,
bekommt ungeratene Kinder.

Eine Frau ist leicht zu überreden.

Die Tochter straft man, und die Schwiegertochter meint man.

Wenn eine Frau keine Kugel (Sabbathmehlspeise) machen kann, verdient sie die Scheidung.

Der Verstand der Frau ist der Schmuck –
der Schmuck des Mannes ist der Verstand.

Ein Weib ist gut für den Leib, aber nicht für die Seele.

Wenn das Weib die Hosen an hat,
dann muß der Mann das Kind wiegen.

Ein junges Weib ist wie ein schönes Vögelchen;
man muß es im Käfig halten.

Ein schlechtes Weib ist ärger als der Tod.

Ein Vater kann viele Kinder ernähren,
aber viele Kinder können einen Vater nicht ernähren.

Das schönste Kind im Cheder (Schule) ist mein.

Drei Tage ist man Gast, später fällt man zur Last.

Wohl dem Manne, der ein schönes Weib gefunden hat, seine Tage sind doppelt.

Drei Dinge verschönen das Dasein des Menschen: eine hübsche Wohnung, schöne Hausgeräte und ein schönes Weib.

Iß dich satt, bevor du Kinder kriegst.

Von Glück und Unglück

Man hat immer noch Zeit das Unglück zu beklagen, wenn es da ist.

Das, was der Mensch sich selbst tut,
würden ihm zehn Feinde nicht antun.

Wenn die Armut zur Tür hereinkommt,
dann flieht die Freundschaft zum Fenster hinaus.

Drei Hoffnungen hat der Arme: entweder wird er so reich sein wie sein Nachbar; oder sein Nachbar wird so arm werden wie er; oder – sie werden beide Hungers sterben.

Wahrhaft arm ist nur der, dem es an Verstand fehlt.

Anmut geht über Schönheit.

Ein Unglück kommt nie allein.

Wer ertrinken soll, ertrinkt in einem Löffel Wasser.

Krank gewesen sein, ist schlimm;
aber reich gewesen sein, ist schlimmer.

Der Reiche weiß nicht, wie dem Armen zu Mute ist. (oder: Bis so ein Fetter nur abnimmt, ist dem Abgezehrten die Seele ausgegangen).

Frag' einen Feind um Rat, und mach es umgekehrt.

Was man einzahlt, sieht niemand;
was man draufzahlt – jeder.

Der Reiche haßt Ehrenbezeugungen wie die Katze die Butter.

Für drei ist das Leben ohne Sonne: Für den Weichherzigen, den Zornigen und den Empfindsamen.

Der Arme und der Bucklige tragen das mit sich herum, was ihnen Gott gegeben hat.

Ein Armer ist wie ein Sack voll Löcher.

Wenn der Arme ein Huhn ißt,
dann ist *er* krank oder *das Huhn*.

Lauf vor der Ehre davon, aber lauf der Ehre nicht nach.

Er kneift sich die Wangen, damit sie rot erscheinen; (sagt man von einem, der seine Armut verbergen will).

Ein voller Sack steht aufrecht.

Alles können die Eltern einem Kinde mitgeben, nur nicht das Glück.

Wir wollten kein Manna essen,
darum müssen wir uns jetzt mit Zwiebeln begnügen.

Vom Glück zum Unglück ist ein Schritt –
vom Unglück zum Glück eine ganze Strecke.

Geld ist rund.

Er hat so viel Geld, wie ein frommer Jude Schweine.

»Unglück, wohin gehst Du?«
»Zum Armen!«

Was nützt die Ehre, wenn man nichts zu essen hat.

Wenn man lacht, sehen alle; wenn man weint, sieht niemand.

Ein Armer und ein Kranker müssen stets das letzte Wort haben.

Wenn man sich von dem Tod loskaufen könnte,
dann würde es den Armen gut gehen.

Man schmeichelt nicht dem Reichen, sondern seinem Gelde.

Wer den Armen sein bisheriges Almosen entzieht, weil er Geldverluste erlitten hat, löscht das Feuer mit Stroh und den Durst mit Salzwasser.

Nicht jeder, der am Ehrenplatze sitzt, ist ein vornehmer Herr.

Es ist nicht so gut *mit* Geld, wie es schlecht ist *ohne* Geld.

Ein Bettler kann nicht auf zwei Jahrmärkten sein.

Ein schwerer Beutel schafft ein leichtes Gemüt.

Besser ein reicher Mieter als ein armer Hauswirt.

Alle armen Leute haben gute Herzen.

Der Reiche schläft und die Zinsen wachsen.

Ein Quäntchen Glück ist mehr wert als ein Zentner Verstand.

Zwei Tote gehen tanzen; (sagt man, wenn ein armer Mann ein armes Mädchen heiratet).

Wenn einem das Glück hold ist, kalbt auch der Ochse.

Wenn einer stirbt, weiß man erst,
was er zu Lebzeiten besessen hat.

Bei einem Armen soll man kein Geld leihen.

Ein Armer schläft in der Finsternis.

Ein Armer fürchtet keinen Dieb.

In der Not zieht man die Sabbathkleider an den Wochentagen an.

Wenn das Glück ankommt, soll man ihm einen Stuhl anbieten.

Fällt der Stein auf den Topf, wehe dem Topf;
fällt der Topf auf den Stein, wehe dem Topf;
auf alle Fälle: wehe dem Topf.

Von Weisen, Narren und Schlehmilen

Solange es jemandem gut geht, gilt er für weise.

Der Schlemihl fällt auf den Rücken
und schlägt sich ein Auge aus.

Wen Gott zum Narren machen will,
dem nimmt er die Frau in jungen Jahren.

Was nützt mir meine Weisheit, wenn die Dummheit regiert.

Ein Narr spricht, was er weiß;
Ein Weiser weiß, was er spricht.

Ein Narr geht ins Bad und vergißt, sich das Gesicht zu waschen.

Bist du meschugge, schlag den Kopf an die Wand, aber laß andere in Ruhe.

Wer fällt zur Last: Ein Narr den Klugen und ein Kluger den Narren.

Besser ein vielgewanderter Narr als ein zu Hause hockender Weiser.

Ein Esel schimpft den andern »Sackträger!«

Narren haben zumeist schöne Frauen.

Wenn der Messias kommen wird, werden alle Kranke geheilt werden – nur der Narr nicht.

Wer ist reich: der *Genuß* von seinem Reichtum hat.

Wer ist ein Ignorant? wer seine Kinder nicht zum Lernen anhält.

Wenn ein Geizhals leichtsinnig wird,
ißt er zur Suppe Torte.

Wo ein Stein vom Himmel fällt,
fällt er auf mich.

Wenn es draußen Dukaten regnet,
dann sitzt der Arme in der Stube.

Wenn Kabzunim (arme Teufel) tanzen wollen,
reißen die Saiten.

Wenn man dem Feuer enteilt,
gerät man ins Wasser.

Wenn ich Kerzen zu verkaufen hätte,
würde die Sonne nicht untergehen.

Faule Fische und Schläg' dazu.

Wenn ich mit Leinwand handelte, würde niemand sterben.

Er klaubt eine Feder auf und läßt das Federbett fallen.

Ein Richter muß haben: König Salomos Weisheit, Aristoteles' Verstand, Simsons Stärke, Methusalems Alter und Hilels Geduld.

Wenn der Weise irrt, irrt er gehörig.

Lieber von einem Klugen eine Ohrfeige,
als von einem Narren einen Kuß.

»Ein dummer Schankwirt«, denkt der Trunkenbold, »Er hat Schnaps und verkauft ihn.«

Wenn man nicht schreiben kann, sagt man, daß die Feder schlecht ist.

Er ist kein großer Gelehrter, aber auch kein kleiner Ignorant.

Einen Ziegenbock fürchtet man von vorne, ein Pferd von hinten und einen Narren von allen Seiten.

Ein Meschuggener schlägt nur bei fremden Leuten die Fenster ein.

Wenn der Narr die Kuh bei den Hörnern hält,
kann sie der Kluge melken.

Wem Gott viel Leid bescheren will, dem gibt er viel Verstand.

Bei einem Pferde sieht man auf die Zähne,
bei einem Menschen auf den Verstand.

Was nützt der graue Kopf, wenn der Verstand grün ist.

Wo ein Narr gesessen hat, soll man den Stuhl abwischen.

Nennen Dich Deine Genossen einen Esel, so lege Dir einen Sattel auf.

Ein Narr gibt, ein Kluger nimmt.

Je größer der Goj (gemeint ist hier die Unwissenheit),
desto größer das Masel (Glück).

Ein ganzer Narr ist ein halber Prophet.

Wer alles verstehen will, wird nicht alt werden.

Wenn ein Narr einen Stein in einen Garten wirft,
können ihn zwanzig Weise nicht herausholen.

Besser mit einem Weisen in der Hölle
als mit einem Narren im Paradies.

Mit der Zeit lernt auch ein Bär tanzen.

Alle Kinder sind klug, solange sie klein sind –
aber mit dem Wachsen nimmt nicht immer der Verstand zu.

Jedem Ziegenbock gefällt sein Glöckchen.

Schickt man einen Narren einkaufen,
dann freuen sich die Krämer.

Wenn ein Alter eine Junge heiratet,
wird der Alte jung und die Junge alt.

Ich lachte auch, wenn der Narr nur nicht mein wär.

Ein Zeichen der Weisheit ist das Schweigen,
aber das Schweigen allein ist noch keine Weisheit.

Wo Wissen ist, dort ist auch Weisheit.

Wo Kraft nötig ist, hilft der Verstand nichts.

Alles bekommt man fürs Geld, nur nicht Verstand.

Einem Narren soll man ein halbes Haus nicht zeigen.

Bis siebzig Jahre lernt der Mensch und stirbt unwissend.

Wer mit Chochumim (Weisen) verkehrt,
wird selbst ein Chochim (Weiser).

Ein Narr kann mehr fragen als zehn Weise beantworten können.

Jeder Narr ist für sich klug (d. h. nur die andern haben unter seiner Dummheit zu leiden).

Alle Kantoren sind Narren, aber nicht alle Narren sind Kantoren. (Jeder Sänger gilt bei den Juden für einen Narren.)

Wer zwischen Gut und Böse unterscheiden kann, ist noch kein Weiser. Der aber ist es, der von zwei Übeln das kleinere wählt.

Wer heute Brot hat und sich sorgt, was er morgen essen wird, hat kein Gottvertrauen.

Er ist nicht für Gott und nicht für die Leut' (sagt man von einem Taugenichts).

Geh ich her, beißt mich ein Bär; geh ich hin, sticht mich eine Bien! (einer, dem es überall schief geht).

Ein Narr fragt einen Weisen:
»Seit wann ist Gott?« – Der spricht:
»Das läßt sich nicht beweisen;
Sag mir, *wann war er nicht*?«

Der Teufel hol' den Einfall, der einem zu spät kommt.

Von Juden und Andersgläubigen

Einen gojischen (christlichen) Magen und eine jüdische Seele kann man nicht abschätzen.

Hat der Jude recht,
dann bekommt er erst recht Schläge.

Wohnen soll man unter Juden,
Handel treiben unter Christen.

Leben soll man unter Christen,
sterben unter Juden.

Wenn du dich auch in eine Chasirhaut (Schweinehaut) hüllst, erkennt man doch, daß du ein Jude bist.

Aus dem Schwänzchen eines Schweines kann man keine Sabbathmütze machen.

Was man immer vom Juden sagen mag,
Ein Narr ist er nicht.

Wenn der Jude singt und der Edelmann pfeift,
dann haben beide kein Geld.

Wann singt ein Jude?
Wenn er hungrig ist.

Besser ein Jude ohne Bart,
als ein Bart ohne einen Juden.

Ein Jud' und ein Wolf gehen nie müßig herum.

Einen getauften Juden, einen geadelten Bauern und einen gezähmten Wolf mag der Teufel holen.

Koch einen Bauern süß oder sauer,
er bleibt doch alleweil ein Bauer.

Jüdischer Reichtum ist wie Märzschnee.

Bind' mir Hände und Füße, aber wirf mich unter die Meinen.

Gott soll dich vor christlichen Händen und vor jüdischen Köpfen schützen.

Wenn man einen Juden betrügen will, muß man früh aufstehen.

Mit einem Juden ist nur gut ins Bethaus zu gehen.

Ist der Jude hungrig, dann singt er.
Ist der Bauer hungrig, dann schlägt er sein Weib.

Ein gelehrter Jude kann sich immer Rat schaffen.

Einem Juden soll man nie soviel geben, wie er verlangt.
Er würde sich ärgern, daß er nicht mehr verlangt hat.

Brich auf eine Semmel und ein Jude springt heraus. (Juden gibt es überall in der Welt.)

Der Jude hat von allem zu wenig, nur Verstand hat er genug.

Ein Jude versteht sich auf jedes Handwerk. Ostern bäckt er Mazeß (Osterbrot). Zu Pfingsten ist er ein Gärtner (er schmückt das Bethaus und sein Heim mit grünem Laub). Tischubow ist er ein Soldat (die Kinder fertigen sich aus Dachschindeln Gewehre und Säbel an, um gegen die Feinde Israels Krieg zu führen), und Rosz-hazkunu bläst er Schofar.

Von Gott, Tod und Leben

Gott lebt und wir martern uns.

Wem Gott Brot gibt, dem geben die Menschen die Butter dazu.

Bei Gott ist keiner ein Ben Juchid (einziger Sohn); (Gott bevorzugt keinen.)

Wenn nur Gott so lang' helfen möcht', bis Gott helfen wird.

Wem Gott den Reichtum nimmt, dem nimmt er auch den Verstand.

Wenn Gott will, schießt ein Besen.

Wie man sich's vornimmt, so hilft Gott.

Der Mensch fährt, und Gott hält die Zügel.

Die Welt ist mein, sagt der Mensch bei der Geburt
und hält die Fäuste geballt.
Ich nehme nichts ins Grab mit, sagt der Sterbende –
und zeigt die geöffneten Hände.

Des Einen Tod ist des Andern Brot.

Lange Krankheit – sicherer Tod.

Einer will leben und kann nicht; ein andrer kann leben und will nicht.

Besser zehnmal krank sein, als einmal sterben.

So lange man lebt, darf man nicht reden,
ist man gestorben, kann man nicht reden.

Wenn man sagt: Gestorben. Glaub's!

Der Todesengel kümmert sich nicht darum, ob der Sterbende schon Totenkleider hat.

Viererlei Menschen gleichen Gestorbenen: Ein Aussätziger, ein Armer, ein Blinder und ein Kinderloser.

Seitdem der Tod aufgekommen ist,
ist man seines Lebens nicht sicher.

Wer sich mit den heiligen Büchern beschäftigt, aber ohne Barmherzigkeit ist, der ist gleich als wenn er keinen Gott hätte.

Gott schlägt mit der einen Hand und heilt mit der andern.

O Gott gib mir Brot, solange ich noch Zähne habe!

Nach dem Tod hilft keine Buße.

Vor dem Tod und vor dem Dalles kann man sich nicht schützen.

Zum Sterben hat man noch immer Zeit.

Gott sitzt oben und paart unten.

Von Tugend und Lastern

Ein guter Mensch wird in der Schenke nicht verdorben;
ein schlechter wird in der Synagoge nicht gebessert.

Zieh keinen Nutzen aus den schlechten Taten anderer.

Das Laster kommt als Fremder ins Haus. Weist du ihm nicht die Tür, so macht es sich bei dir behaglich; und schließlich bist du sein Sklave.

Wer ehrenhaft bleiben will,
dem soll eine Mahlzeit für zweimal genügen.

Einbildung ist schlimmer als Krankheit.

Wenn man einen Dieb braucht,
dann schneidet man ihn sogar vom Galgen ab.

Das Ende des Diebes ist der Galgen.

Ein Auge hat mehr Glauben als ein Ohr.

Ein Sklave seiner Leidenschaften ist der allerniedrigste Sklave.

Gute Menschen versprechen wenig und tun viel;
böse versprechen viel und tun gar nichts.

Es ist besser, der Mensch werfe sich selbst in den Feuerofen, als daß er seinen Nächsten öffentlich beschäme.

Läufst du der Ehre nach, so läuft die Ehre davon;
Gehst du der Ehre aus dem Wege, so sucht sie dich zu erreichen.

Wer sich um äußeres Wissen müht und keine Herzensbildung hat, der gleicht dem Narren, der sich ein Tor baut, ohne ein Haus zu haben.

Wer den Armen helfen will, suche die Armut selbst auf; (statt auf Wohltätigkeitsfesten zu tanzen).

Eine halbe Wahrheit ist eine ganze Lüge.

Wer sich vor den Leuten nicht schämt,
hat auch keine Furcht vor Gott.

Wer keine Finger hat, kann keine Faust ballen.

Ein fauler Bote ist ein halber Prophet; (denn er findet immer Ausreden um den Weg zu ersparen).

Für die Wahrheit bekommt man Hiebe.

Wer schläft, sündigt nicht.

Wer gegen alle gleich gut ist,
ist meist auch gegen alle gleich schlecht.

Frechheit gilt mehr als baar Geld.

Gute Mahner sind schlechte Zahler.

Die Wahrheit darf man sogar dem eignen Vater sagen.

Er tut, als wenn er nicht zehn zählen könnte.

Sie klagt und ißt Kräpfchen, (sagt man von einer Frau, die stets über schlechte Zeiten klagt und sich's doch gut gehen läßt).

Besser Unrecht ertragen als Unrecht tun.

Einen faulen Boten soll man nur um den Todesengel schicken.

Er hat Flöhe in der Nase, (sagt man von hochmütigen Leuten).

Bis er zurückkommt kann die Messias da sein, (sagt man von einem faulen Boten).

Der Mensch ist stärker als Eisen, (denn er besitzt die Kraft, alles zu ertragen).

Reinwaschen kann man nur den Körper, aber nicht die Seele.

Einen Lügner kann man mit einem Stummen vergleichen –
beide sagen nicht die Wahrheit.

In der Jugend ein Lügner, im Alter ein Dieb.

Er lügt nur zweimal im Jahr: im Winter und im Sommer.

Eine gute Lüge ist zuweilen auch Geld wert.

Ein Lügner redet sich seine Lüge so lange ein, bis er selbst dran glaubt.

Wer seinen Nächsten haßt, vergießt Menschenblut.

Gott erzürnen wir durch unsre Sünden,
die Menschen durch unsre Tugenden.

Sei auch Kindern gegenüber wahrhaftig und halte, was du ihnen versprichst, sonst gewöhnst du sie zur Lüge.

Weise Sprüche und Lebensregeln

Stark ist, wer sich selbst beherrscht,
Reich, wer mit wenigem zufrieden ist.

Wenn du dich vermählst, steig' eine Stufe *hinab*!
Bei der Wahl deiner Freunde: steig' eine Stufe *hinauf*!

Besser die Gurke, die man hat,
als die Aussicht auf einen Kürbis.

Wer in ein brüchiges Haus zieht,
bereitet sich selbst sein Grab.

Ein Geheimnis ist *dein* Gefangener, solange du es bewahrst;
du wirst aber *sein* Gefangener, sobald du es dem Nächsten erzählst.

Viele klagen über ein schlechtes Gedächtnis;
aber keiner klagt über wenig Verstand.

Kann man nicht drüber weg,
so muß man drunter durch.

Die Wahrheit erscheint wie Öl auf dem Wasser.

Kämpfst du gegen das Schicksal an,
so unterliegst du ihm.
Fügst du dich aber,
so bleibst du deines Schicksals Herr.

Besser der Schmerz im Herzen
als die Schande im Gesicht.

Geben *und* bitten soll man nicht.

Was du in der Jugend sündigst,
rächt sich im Alter.

Wer nicht zu säen versteht,
kann auch nicht ernten.

Wer am Sabbath nicht hungern will,
darf am Wochentag nicht müßig gehen.

Wenn du den Pulverrauch nicht vertragen kannst,
so ziehe nicht in den Krieg.

Wenn man keinen Knoblauch ißt,
stinkt man nicht.

Wenn die Maus satt ist,
ist das Mehl bitter.

Bestreiche den Bauer mit Honig –
er stinkt doch nach der Gosse.

Wenn man sieben Jahre ein Schwein ist,
wird man ein Ojscher (reicher Mann).

Wer die Gefahr liebt,
der geht darin unter.

Wer einen Stein in die Höhe wirft,
dem fällt er auf den Kopf.

Mit dem Maße, mit dem man mißt,
wird man wiedergemessen.

Das Niederreißen des Alters ist Aufbauen;
das Bauen der Jugend aber Niederreißen.

Ein Arzt, der unentgeltlich heilt,
ist auch kein Geld wert.

Mit dem Unkraut wird oft auch das Kraut ausgerissen.

Fünf Personen bedürfen der Bewachung: der Kranke, Brautleute, die Wöchnerin, der König und der Trauernde.

Wenn man einem Bauer Ehre antut, schwellen ihm die Füße.

Schert man die Schafe,
zittern die Lämmer.

Wenn man mit Hunden schlafen geht,
steht man mit Flöhen auf.

Leichter einen Sack Flöhe hüten als eine verliebte Maid.

Vom Nichtnehmen ist noch kein Mensch reich geworden.

Hunde, die bellen, bringt man mit einem guten Bissen zum Schweigen.

Was du nicht willst, daß man dir tu,
das füg' auch keinem andern zu.

Was nützt es, daß du dem Schweine ein Palmenblatt vors Maul hängst, es wälzt auch das durch den Kot.

Wenn man keine Beschäftigung hat,
beginnt man, sich mit Politik zu befassen.

Aufrichtige Reue ist bessere Buße als hundert Rutenschläge.

Setze dich nicht zu Tische,
solange dein Vieh hungert.

Wer Reue zeigt, den soll man nicht an seine früheren Sünden erinnern.

Willst du dich überzeugen, ob ich dein Freund bin,
dann hör' nicht auf meinen Rat.

Man erkennt einen Freund erst,
wenn man geschäftlich mit ihm zu tun hat.

So lange es dir gut geht, hast du Freunde in Menge;
gerätst du ins Unglück, stehst du allein.

Der Wald liefert selbst den Stiel zu der Axt,
mit der er umgehauen wird.

Eher mache deinen Sabbath zu einem Werktage,
als daß du von den Menschen etwas verlangst.

Die besten Speisen werden einem zuwider.

Satt kann man nur an seinem eignen Tische werden.

Drei schreien umsonst, denn sie finden kein Gehör:

1. Wer Geld ohne Zeugen verleiht.

2. Wer seine Güter den Kindern schon bei Lebzeiten übergeben hat.

3. Wer sich von seiner Frau beherrschen läßt.

Hinter einem schweren Wagen ist es leicht zu Fuß zu gehn.

Wenn zweie sagen, du bist betrunken,
dann leg dich schlafen.

Zur Suppe braucht man keine Zähne.

Wer sich hungrig schlafen legt,
wird schläfrig aufstehen.

Ein guter Ruf geht weit;
ein schlechter noch weiter.

Die Geschichte hat schon einen Bart.

Wer Fehler schreibt, kann auch Fehler lesen.

Was nutzt, daß der Bursch Sporen anhat,
wenn er nicht reiten kann.

Wenn eine Dummheit *gelingt*, bleibt es doch eine Dummheit.

Alle Stummen wollen viel reden.

Auf eine madige Geiß setzen sich alle Fliegen.

Aus einer fremden Haut ist gut Riemen schneiden.

Jede Trompete trägt eine andre Quaste.

Wenn man dem Dieb die Schlüssel übergibt,
ist man vor Diebstahl sicher.

Auch ein Engel kann zur gleichen Zeit keine zwei Arbeiten tun.

Ein Adler fängt keine Fliegen.

Ein kleines Städtchen ist wie eine Glaslaterne.

Jeder Topf findet seinen Deckel.

Wenn der Esel Hörner hätte und wenn der Ochs sich seiner Stärke bewußt wäre, dann würde die Welt nicht lange bestehen.

Wer ein frommes Werk vollbringen geht,
kann unbesorgt seines Weges gehn.

Wenn eine Ohrfeige nicht hilft, muß man zur Peitsche greifen.

Wenn man Feuer braucht, sucht man es in der Asche.

Wie du einen *an*siehst, so sieht er aus.

Überall ist's gut, aber zu Hause am besten.

Frag nicht den Arzt – frag lieber den Kranken.

Wo viele gehen, wird kein Gras wachsen.

Gold glänzt auch im Straßenkot.

Man soll in einen Brunnen, aus dem man Wasser getrunken hat, keine Steine werfen.

Es ist leichter Geld zu *verdienen*, als es zu *behalten*.

Ein fremder Bissen schmeckt gut.

Auch im Paradies ist es nicht gut allein zu sein.

Hast du etwas – behalt's; weißt du etwas – schweig; kannst du etwas – tu's!

Wenn man nicht beißen kann,
soll man nicht die Zähne zeigen.

Besser zehnmal fragen, als einmal irren.

Wer Geld für die Fische gab,
wird auch den Pfeffer bezahlen.

Kraft holt man sich nur aus der vollen Schüssel.

Früh aufstehen und früh heiraten schadet nichts.

Gieß Öl nach, so lange die Lampe brennt.

Die Liebe ist süß – schmeckt aber nur gut mit Brot.

Was nützt es, wenn die Kuh viel Milch gibt, wenn sie nachher den Milchkrug umwirft.

Wenn der Wurm im Krenn (Meerrettich) sitzt, glaubt er, es gäbe nichts süßeres auf Erden.

Besser eine Uhr die steht, als eine Uhr die schlecht geht.

Stille Wasser unterwühlen das Ufer.

Die ersten Pflaumen sind wurmstichig.

Beim Holzhacken fliegen Späne.

Wann freut sich der Bucklige?
Wenn er einen andern Buckligen sieht.

Wenn du einem Hunde Gutes tust, bellt er dich an.

Läßt du einen Hund auf die Bank, dann springt er auf den Tisch.

Es gibt selten ein Amt, an dem nicht etwas kleben bleibt.

Jede Stadt hat ihren Verrückten.

Wenn man kein Fleisch hat, nagt man die Knochen.

Müßige Hände verderben die Wände.

Kommt man nur über den Planken,
bekommt man andre Gedanken.

Wenn man nicht Jakob gibt, wird man Esau geben (der Unwürdige wird es bekommen).

Gesegnet sind die Hände, die alles allein tun.

Lieber »ich hab'« als »ich hätt'«.

Einmal ist keinmal.

Wie man sich bettet, so schläft man.

Schrei nicht eher »hopp« als bis du über den Graben bist.

Vor einem Diebe, der ins Haus gehört, kann man sich nicht hüten.

Wenn einer einen Gehängten in der Familie hat,
soll man ihm nicht sagen: »Häng mir den Rock auf –«.

Wer in der Trunkenheit sündigt, muß nüchtern dafür büßen.

Ein goldener Schlüssel öffnet alle Türen.

Ich verzichte auf deinen Honig, und will nicht deinen Biß.

Wenn man eine Erbschaft einkassieren kommt,
muß man oft die Begräbniskosten bezahlen.

Jeder hat sein Häufchen Mist vor der Tür.

Ein Mensch kann mehr ertragen,
als zehn Ochsen schleppen können.

Auch einen Brunnen kann man ausschöpfen.

Dieselbe Sonne *bleicht* die Leinewand, und *bräunt* das Gesicht.

In einem großen Teich schwimmen große Fische.

Der Ertrinkende greift sogar nach einem Schwert, um sich festzuhalten.

Es wird nicht eher hell, bis es nicht ganz dunkel geworden ist.

Aus einem Leintuch kann man eine Haube machen,
aber aus einer Haube kann man kein Leintuch machen.

Mit fremden Händen ist's gut glühende Kohlen zu schüren.

Besser ein Wort zur Zeit, als zwei zur Unzeit.

Ein gutes Wort kostet nichts und bringt immer etwas ein.

Schütt nicht das unreine Wasser aus, ehe du nicht reines hast.

Guter Rat: hören, sehen und schweigen.

Sei nicht zu süß, weil sie dich sonst essen;
sei nicht zu bitter, weil sie dich sonst ausspucken.

Geh neben ein golden Wägele, so findest du ein goldenes Nägele.

Berge kommen nicht zusammen; aber Menschen.

Den schlechten Ruf, den einer einmal hat, den behält er bis ans Ende.

Wenn der Ochs tot ist, schärft jeder das Messer.

Scherzhafte Redensarten

Ein Ochs hat eine lange Zunge
und kann doch nicht Schofar blasen.

Vom Hersagen der Psalmen tut der Bauch nicht weh, aber satt wird man auch nicht davon.

Wenn man sich schämt,
bekommt man keine Kinder.

Wenn ein Geizhals leichtsinnig wird,
spielt der fremde Gulden bei ihm keine Rolle.

Wer die Tochter haben will,
muß mit der Mutter beginnen.

Ein Blinder sieht bei dir mit einem Auge mehr
als du bei ihm mit zwei Augen siehst.

Wer selbst sein Lob singt,
muß schlechte Nachbarn haben.

Wenn man einem Zigeuner ins Gesicht spuckt, sagt er, daß es regnet.

Einen Dank kann man nicht in den Beutel tun.

Schlepp mich, ich geh gern.

Ein Kantor und ein Pferd taugen nur bis zum vierzigsten Lebensjahr.

Jeder Mann glaubt, es gebe nur eine böse Frau auf der Welt, und das sei seine.

Ein Tauber hat gehört, wie ein Stummer erzählte, daß ein Blinder gesehen hat, wie ein Krummer gelaufen ist. (Diese Redewendung gebraucht man, wenn jemand eine ganz unglaubliche Geschichte erzählt.)

Vorn getrommelt und hinten keine Soldaten.

Kleine Töpfe laufen bald über.

Das hat schon Adam seinem Weib erzählt und sie hat darauf erwidert »Eine alte Geschichte!« –

Vom Nehmen wird man nicht arm,
vom Wünschen wird man nicht reich.

Das ist nicht auf seinem Mist gewachsen.

Kratzen und Borgen tut nur auf eine Weile gut.

Dalles und Stolz gehören nicht zusammen.

Das letzte Hemd soll man versetzen und ein Ojscher (reicher Mann) soll man sein.

Das ganze Jahr schicker (betrunken) und Purim nüchtern. (Es gibt Käuze, die immer ausgelassen sind, aber bei irgendeiner lustigen Gelegenheit den Kopf hängen lassen.)

Wie kommt die Katz übers Wasser?
»Mit nasse Füß.«

Von großer Eile kommt nichts Gutes!

(Zu diesem Ausspruch wird das folgende Geschichtchen erzählt: In einem jüdischen Hause wurde ein Bedienter während des Essens um einen Teller geschickt und blieb hundert Jahre aus. Als er endlich nach einem Jahrhundert mit dem Teller herbeigeeilt kam, fiel er hin und zerbrach den Teller. Da tat er den obigen Ausspruch.)

Überall ist Hilfe gut, nur nicht bei der Schüssel.

Der Jude ist viel besser daran als der Meschumid (Getaufte).
Der Jude kann sich taufen lassen und der Meschumid nicht.

Manchmal treffen die Wetterpropheten auch das Richtige.

Verkehrt gefahren ist auch gefahren.

Nach einer Feuersbrunst wird man reich.

Einen Antrag darf man auch der Rabbinerfrau stellen.

Ein Ochs geht nach Olmütz auf den Markt und kommt als Ochs wieder.

Was kann man von einem Ochsen mehr verlangen als Ochsenfleisch?

Wasch mir den Pelz und mach ihn nicht naß.

Mit Ejzeß (Ratschlägen) bin ich versorgt.

Wenn ein Kantor alt wird, bellt er wie ein Hund und frißt wie ein Schwein.

Den Dalles und das Stroh in zerrissenen Stiefeln kann man nicht verbergen.

Bei einem Dieb ist es schwer zu stehlen.

Wenn man dir gibt: Nimm!
Wenn man bei dir nimmt: Schrei!

Es kleidet ihn wie ein Chasir (ein Schwein) ein Setramel (eine Sabbathmütze).

Sag der Katze, daß die Torte einen Gulden kostet, sie nascht doch.

Wer dem Hutmacher Geld schuldig ist,
hat Schulden über den Kopf.

Wenn die Babe (Großmutter) einen Bart hätte,
dann wäre sie ein Seide (Großvater).

Gäste und Fische stinken am dritten Tag.

»Eintunken kostet Geld.«

Zu diesem Ausspruch wird das folgende Geschichtchen erzählt: Zwei Juden, A. und B., gingen ins Caféhaus. A. bestellte sich einen Café, während B. nur eine Semmel nahm. Als der Kellner den Café brachte, sagte B., laß mich meine Semmel in deinen Café eintunken. A. erlaubte es ihm und nun tat B. seine Semmel in die Caféschale, tunkte und tunkte. Die Semmel saugte den ganzen Café ein, so daß die Schale leer blieb. Nun wollte A. den Café nicht bezahlen, B. aber sagte: Ich hab ja nur eingetunkt. Da rief A. laut, daß man es im ganzen Caféhaus hörte: »Eintunken kostet Geld.«

Wenn der Gast hustet,
dann fehlt ihm der Löffel.

Wenn die Psalmen gesund machen könnten, dann würde man sie in der Apotheke kaufen. (Es ist ein Volksglaube, daß das Hersagen der Psalmen Kranken Genesung bringt.)

Alle Schuster gehen barfuß.

Wenn es einem zu gut geht,
dann geht man aufs Eis tanzen.

Nach einem Feste bleiben Schulden und schmutzige Wäsche zurück.

Einen Kranken fragt man, einem Gesunden gibt man. (So spricht der intime Gast, wenn ihn die Wirtin fragt, ob er etwas genießen will.)

Zinsen wachsen ohne Regen.

Man kann zwischen zwei Broten Hungers sterben (wenn das alte Brot ausgegangen ist und das neue noch nicht da ist).

Man kann einen Brief lesen,
und man kann einen Brief singen.

Fürs Amen sagen verdient man noch keine Schläge.
